Este libro pertenece a:

This book belongs to:

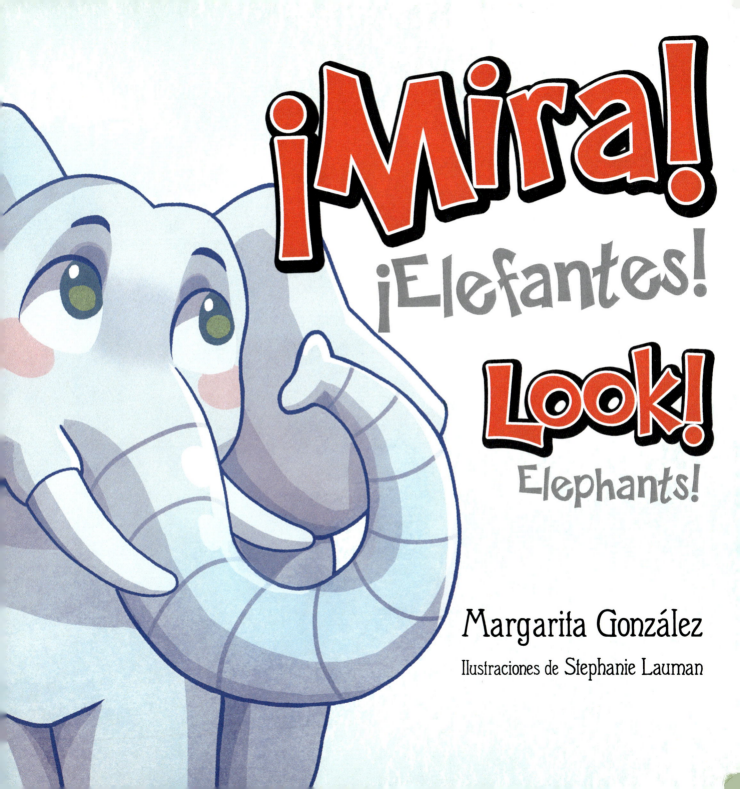

¡Mira!

¡Elefantes!

Look!

Elephants!

Margarita González

Ilustraciones de Stephanie Lauman

¡MIRA! ¡ELEFANTES! /
LOOK! ELEPHANTS!

© Margarita González, 2022
© De esta edición:
 Margarita González, 2022

Edición:
 Anahí Barrionuevo

Diseño y diagramación:
 Juan José Kanashiro

Ilustraciones:
 Stephanie Lauman

ISBN: 978-1-7363290-9-2

¡Mira!

¡Elefantes!

Look!

Elephants!

Nuestro mundo está lleno de animales especiales y bonitos.

Unos son **grandes**, otros son **chiquitos**.

Unos tienen **alas**, otros tienen **cuernos**.

Unos son **bruscos**, otros son **tiernos**.

Unos tienen **plumas**, otros tienen **pelo**.

Unos **nadan**, otros se **deslizan** por el suelo.

Y son muchos los que **vuelan** por el **cielo**.

En este libro te presentamos **a los elefantes**,

que son animales impresionantes.

Our world is full of special and beautiful animals.
Some are **big**, some are **small**.
Some have **wings**, some have **horns**.
Some are **rough**; some are **gentle**.
Some have **feathers**, some have **fur**.
Some **swim**, some **slither** on the ground.
And there are many who **fly** through the **sky**.
In this book we introduce you **to elephants**,
which are some amazing animals.

Todos los elefantes son de color **gris**.

Son grises en su país y también en tu país.

A veces son gris claro; a veces, gris oscuro.

Todos son grandiosos, **¡te lo aseguro!**

All elephants are **gray**.

They are gray in their country and they are gray in your country.

Sometimes they are light gray; sometimes they are dark gray.

They are all great, **I can assure you of that!**

Solo una cría nace cada vez,
y la panza de la mamá crece mes a mes.
El tiempo de espera dura **22 meses**,
no importa si son peruanos o franceses.

Only one calf is born at a time,
and the mother's belly grows month by month.
The wait time is **22 months**,
it doesn't matter if they are Peruvian or French.

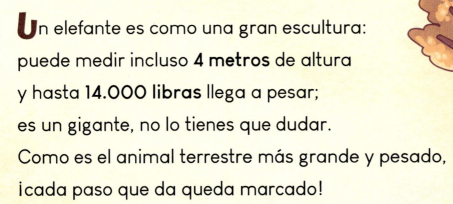

Un elefante es como una gran escultura:
puede medir incluso **4 metros** de altura
y hasta **14.000 libras** llega a pesar;
es un gigante, no lo tienes que dudar.
Como es el animal terrestre más grande y pesado,
¡cada paso que da queda marcado!

Elephants are like great sculptures:
They can be up to **4 meters** tall
and weigh up to **14,000 pounds**.
They are giants, there is no doubt about it.
As they are the largest and heaviest land animals,
every step they take leaves a footprint!

Si pones a un elefante
enfrente de un **espejo**,
en ese mismo instante
reconocerá su propio reflejo.
Y si uno alguna vez te ve,
luego te recordará claramente,
porque es un animal **inteligente**.
¡Tú nunca saldrás de su mente!

If you put an elephant
in front of a **mirror**,
at that very moment
it will recognize its own **reflection**.
And if one ever sees you,
it will clearly remember you,
because it is an **intelligent** animal.
You will never leave its mind!

La trompa de los elefantes
es su herramienta más importante.
Les permite **oler** y **respirar**,
y les sirve también para **agarrar**:
con ella llevan agua y alimentos a su boca,
mueven desde un tronco hasta una roca.
¡Su trompa es útil para un montón de cosas!
¿Te gustaría tener una **nariz** tan poderosa?

An elephant's trunk
is its most important tool.
It allows them to **smell** and **breathe**,
and it also allows them to **grab** things:
with it they bring water and food to their mouth,
and it can move anything from a log to a rock.
Their trunk is useful for many things!
Would you like to have such a powerful **nose**?

Cada colmillo del elefante es un **diente extendido**.
Si uno se rompe, se queda para siempre partido.

Each of an elephant's tusks is an **extended tooth**.
If one breaks, it remains broken forever.

Los elefantes se alimentan de plantas;
comer **raíces**, **hierbas** y **hojas** les encanta.
Pasan hasta **18 horas** al día comiendo sin parar;
su **panza** es grande y la tienen que llenar.

Elephants eat plants;
they love to eat **roots**, **herbs** and **leaves**.
They spend up to **18 hours** a day eating because
their **belly** is big and they have to fill it up.

Si los gatos maúllan y los perros ladran,
¿sabes qué hacen los elefantes cuando hablan?
Estos gigantes africanos **barritan**.
Así se llama el sonido con que se comunican.

If cats go meow and dogs bark,

do you know what sound elephants make?

These African giants **trumpet**.

That's the name of the sound they make to communicate.

Los elefantes tienen un **gran oído**:
pueden percibir hasta un mínimo **sonido**,
por debajo de las **frecuencias**
que las personas podemos escuchar.
Por eso incluso a grandes distancias,
los elefantes se pueden comunicar.

Elephants have **great hearing:**
they can perceive even the slightest **sound,**
below the **frequencies**
that people can hear.
That's why even at great distances,
elephants can communicate.

Las orejas de los elefantes
cumplen una función importante:
son **abanicos** para refrescarse,
pues a ellos no les gusta recalentarse.
Ellos baten sus orejas para mantener su temperatura corporal.
¡Sus **orejas** son su ventilador natural!

Elephants' ears
perform an important function:
They are **fans** to cool themselves off,
because they don't like to overheat.
They flap their ears to maintain their body temperature.
Their **ears** are their natural fans!

Los elefantes no pueden saltar;
¡pero sí pueden **correr**!
Hasta a **40 kilómetros** por hora
se pueden mover sin demora.
También son muy hábiles para **nadar**,
¡y lo hacen incluso a través del **mar**!

Elephants can't jump;
but they can **run**!
Up to **40 kilometers** per hour
they can move without delay.
They are also very good at **swimming**,
even in the **sea**!

Los elefantes duermen muy poco. Solo de **2 a 4 horas** por día, duermen parados o acostados para recuperar su **energía**. Entonces, si los ves dormidos, ¡por favor, **no hagas ruidos**!

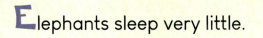

Elephants sleep very little.
They sleep only **2 to 4 hours** per day,
standing up or lying down
to regain their **energy**.
So, if you see them asleep,
please **don't make any noise**!

Los elefantes pueden alcanzar hasta **70 años** de vida; y en grupos les gusta andar, como una **familia** unida. Es la hembra de más edad quien guía esa **fraternidad**.

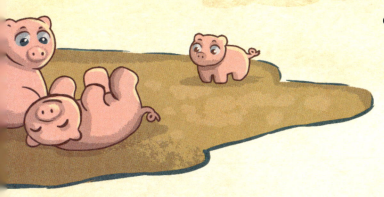

Elephants can live
up to **70 years**;
and they like to travel in groups,
like a united **family**.
It is the eldest female
who guides that **community**.

«Manada» o «desfile» se le llama al grupo de elefantes,
que van en conjuntos de hasta 20 caminantes.
Y si se encuentran con otro grupo, se ponen contentos,
porque con gusto comparten el agua y los alimentos.

A group of elephants is called **"a herd"** or **"a parade,"** they go in groups of up to 20 travelers. And if they meet another group, they are happy, because they gladly share food and water.

Lo que leíste

- ¿De qué color son los elefantes?
- ¿Cuánto tiempo dura el embarazo de una elefanta?
- ¿Cuánto pueden llegar a medir los elefantes?
- ¿Cómo usan sus trompas los elefantes?
- ¿Qué pasa si a un elefante se le rompe un colmillo?
- ¿Si decimos que los elefantes son herbívoros, qué comen?
- ¿Cómo se llama el sonido que hacen los elefantes?
- ¿Los elefantes duermen mucho o poco?
- ¿Hasta cuántos años pueden vivir los elefantes?
- ¿Cómo se llama un grupo de elefantes?

What you read

- What color are elephants?

- How long does the pregnancy of a mother elephant last?

- How tall can elephants be?

- How do elephants use their trunks?

- What happens if an elephant's tusk breaks?

- If elephants are herbivores, what do they eat?

- What is the name of the sound that elephants make?

- Do elephants sleep a lot or very little?

- How long can elephants live?

- What is a group of elephants called?

¿Te gustó lo que aprendiste sobre los elefantes?

Busca otros libros en nuestra colección para aprender más sobre otros animales

Did you like what you learned about elephants?

Look for other books in our collection to learn more about other animals

Made in the USA
Monee, IL
29 November 2022

18946617R00026